¿Que es MIDI?

por
Jon F.
Eiche

Instrumentos musicales trabajando en coordinación.

7777 W. BLUEMOUND RD. P.O. BOX 13819 MILWAUKEE, WI 53213

Indice

Introducción

Complete la frase siguiente:

MIDI es...

A. una palabra clave usada por la resistencia francesa durante la primera Guerra Mundial.

B. las letras de identificación de una emisora de radio de la isla de Chipre.

C. una dimensión entre MINI y MAXI.

D. una de las más estimulantes cosas ocurridas en la música desde que el pequeño Adolphe Sax puso la boquilla del clarinete de su papá en la aspiradora de su mamá.

Si usted dice que la respuesta es "D", dese una palmada en su espalda, pues ya sabe algo sobre MIDI y, leyendo este libro, le aseguramos que aprenderá más.

Si ha escogido A, B, o C, no pierda la esperanza. Todo el mundo ha empezado en algún nivel, y el principio es el mejor nivel de todos. Quizás esté usted en mejor situación que la gente "D", porque, se aproximará a MIDI sin prejuicios o ideas preconcebidas, una vez aclarados pequeños detalles sobre dimensiones, emisoras de radio y la Primera Guerra Mundial.

Vea usted, esta cosa MIDI ha adquirido algo de una inmerecida reputación entre los músicos y otros. Se percibe como algo difícil de entender, misterioso, apto sólo para mayores del sintetizador y programadores de ordenador. Y si, parece como una secreta contraseña.

Pero en realidad, usar MIDI es tan simple como atarse los zapatos, puede que más simple aún, pues puede ser usado por gente sin habilidad manual alguna.

Lo mejor de todo es que los aspectos más importantes de lo que necesita saber sobre MIDI están a su disposición en este libro.

Así, si usted está contemplando una zambullida en las aguas de MIDI, pero no está seguro de que no le ahoguen, recuerde las tres reglas de la natación:

1. "Use el sistema colega". Mantenga este libro a su lado, le sostendrá su mano y le hará compañía.

2. "Controle el pánico". La cosa no es tan terrible como parece. Si algo falla, relájese y flotará.

3. "Aguarde una hora después de comer, así no sufrirá un corte de digestión". No estoy seguro de que todo esto sea aplicable a MIDI, pero no le hará ningún daño.

Y ahora vamos a empezar!

1

MIDI en una Cáscara de Nuez

¿EXACTAMENTE QUE ES MIDI? Si pregunta esto a cualquiera que posea un instrumento musical electrónico, que este fabricado desde 1984 más o menos, la respuesta que obtendra será algo así como: "Son estos jacks de la parte posterior". Y la respuesta es correcta, hasta donde alcanza su contenido.

Pero lo importante sobre MIDI no son los jacks o la electrónica que conectan, lo importante es lo que permite que usted haga. Por ejemplo, con MIDI usted puede...

- tocar dos instrumentos desde el teclado de uno de ellos,

- grabar su música para un playback posterior, o

- sincronizar la ejecución de tal grabación con una unidad de ritmos

Todavía, antes de que pueda apreciar todo lo que MIDI hace, deberá usted emplear un poco de tiempo en familiarizarse con él.

Que Es MIDI

El nombre de MIDI viene de las siglas de "Musical Instrument Digital Interface" (Interfaz Digital para Instrumentos Musicales). Pero descomponiendo el nombre en las partes que lo forman, encontrará que es realmente fácil de entender:

- "Instrumento Musical", ya sabe usted que es. MIDI fué diseñado para usarse en la ejecución de música. A lo largo de los años se le han encontrado otros usos y ha sido incorporado en piezas de equipos que no son instrumentos estrictamente musicales; pero "instrumento Musical" aún describe donde se usa más a menudo. Analizando el primer párrafo de este capítulo, usted podría pensar que la definición más afinada debería ser "Instrumento Musical...*Electrónico.*" Pero como verá más tarde en este libro, MIDI puede trabajar con todos los instrumentos e incluso voces.

- "Digital". Esto no es tan difícil. Significa simplemente que hay ordenadores involucrados. Dado que los ordenadores trabajan con números y que la otra palabra para "números" es "dígitos", el adjetivo "digital" significa que alguna parte del elemento MIDI es, de alguna manera, un ordenador. Ahora bien, usted no necesita conocer nada sobre ordenadores para disfrutar de la maravilla de MIDI. Es como los automóviles: Usted no necesita ser mecánico para conducir un coche. Así, no permita que esta palabra le asuste.

- "Interface" (Interfaz). Uau!... ésta si que parece imponer. Pero el significado es simple: comunicación. Eso es todo!

Ahora que ya comprende las partes, vamos a ponerlas todas juntas: Instrumentos musicales comunicándose con la ayuda de ordenadores. Ya le dije que era muy fácil.

Ahora una lección de historia: MIDI es una especificación que fue desarrollada a principios de los años 80, para permitir que instrumentos musicales de diferentes marcas "hablaran" unos con otros. Y que desarrollada conjuntamente por los mayores fabricantes de instrumentos musicales electrónicos y, como tal, representa un esfuerzo cooperativo de impresionantes proporciones. Además, esta cooperación continúa, porque MIDI no es un estándar formal al que debe adherirse, sinó mas bien es una especificación que es seguida voluntariamente por cada fabricante individualmente.

La especificación MIDI consiste en dos partes:

- Los componentes del sistema MIDI (Hardware) por medio de los cuales son conectados los aparatos.

- El "lenguaje" que se utiliza cuando los aparatos "hablan" entre si.

Vamos a dar un vistazo a estas partes, de una en una.

Hardware MIDI

¿Recuerda los enchufes en la parte posterior del instrumento? En la jerga MIDI estos enchufes se conocen como "ports" (accesos). Los hay de tres tipos posibles: In (entrada), Out (salida) y Thru (a través).

IN   OUT   THRU

MIDI ports.

- **IN**, recibe información MIDI de otro equipo.

- **OUT**, envía información MIDI a otro equipo.

- **THRU**, proporciona un duplicado de la información recibida por medio de IN, para enviarla a otro equipo.

No todos los equipos MIDI tienen los tres "ports" y algunos equipos pueden tener más de un tipo dado.

Los "ports" MIDI de las diferentes piezas de un equipo se conectan por medio de cables MIDI especiales, que tienen cinco clavijas en cada conector final y que coinciden con los "ports".

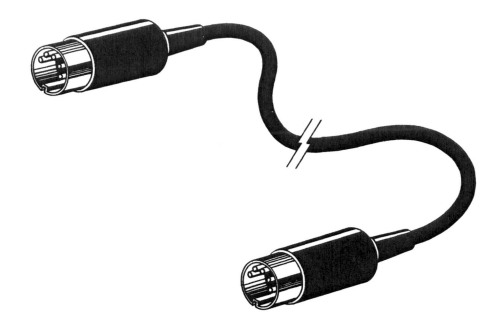

Cable MIDI

Veremos con más detalle los posibles tipos de conexiones MIDI más adelante. Pero antes deberá usted entender un poco sobre lo que viaja a través de un cable MIDI, de un aparato a otro.

El Lenguaje MIDI

Un cable MIDI es algo así como una línea telefónica, que permite la comunicación entre dos puntos. Esta comunicación toma la forma de mensajes MIDI.

1ª Regla MIDI:

Lo que viaja a través del Cable MIDI NO es sonido, es información.

Un instrumento MIDI típico tendrá algún tipo de salida de audio, puede consistir en altavoces incorporados o jacks para conexión a amplificación externa; esta salida de audio es necesaria para que usted oiga el sonido que el instrumento produce. Las conexiones MIDI son totalmente separadas y diferentes de la salida de audio. Esta distinción será analizada a fondo en el capítulo 2º.

La información de un mensaje MIDI consiste en números (recuerde: interfaz digital). En la jerga de ordenadores estos números se conocen como bytes, pero usted puede pensar en ellos como palabras. Un mensaje MIDI típico consiste en una o más palabras, el significado de las cuales está especificado en el lenguaje MIDI.

Debemos mencionar aquí que no todos aparatos MIDI entienden todos los mensajes MIDI. Aunque este hecho parezca un mal asunto, realmente no es así. Sucede que los aparatos MIDI tienden a ser "especialistas" y no todas las áreas del lenguaje se aplican a todos los aparatos. Por ejemplo, hay algunos mensajes que pertenecen a la sincronización de equipos MIDI de grabación y reproducción (playback), que no son aplicables a instrumentos que no poseen estas funciones. Es como si un fontanero hablara con un químico, ambos hablan el mismo lenguaje, pero hay algunas palabras que están limitadas a sus respectivas especialidades.

La diferencia es que los aparatos MIDI son "tontos" y totalmente ausentes de curiosidad. Así, cuando llega un mensaje que el aparato MIDI no entiende en vez de preguntar: "¿Que quieres decir?", el aparato simplemente lo ignora y sigue con sus propios asuntos. Esto mantiene las cosas simples y previene toda clase de atascos de tráfico en el cable MIDI.

2ª REGLA MIDI:

MIDI no permite que un instrumento haga aquello para lo que no fue diseñado.

Muchos "problemas" con MIDI proceden de querer ignorar este simple hecho. Por ejemplo, no espere que conectando un teclado a una unidad de ritmo y pulsando las teclas haga que los sonidos de percusión adquieran sustain.

Un mensaje MIDI típico consiste de dos o tres palabras (bytes):

- Primero es un "status byte" (byte de estado) que nos indica que tipo de mensaje es. Un ejemplo típico es el mensaje "Note On", que se transmite cuando se toca la nota. El "status byte" dice: "Este es un mensaje Note On".

- Luego vienen uno o dos "data bytes", (bytes de información) que proporciona mejor información para completar el mensaje. El mensaje "Note On" tiene dos "data bytes": uno indica que nota se ha tocado y otro dice cuan fuerte se ha percutido.

Las tres palabras de un mensaje "Note On" típico podrían ser traducidas como: "Este es un mensaje Note On". "Este es para un Sol encima del Do central". "Toque a media potencia". Como usted puede ver, el MIDI es muchísimo más sucinto que el español, pues requiere sólo tres palabras para decir las tres frases antes indicadas. Y también mucho mas rápido. Un mensaje MIDI completo tal como el que hemos descrito se transmite en menos de una *milésima* de segundo. Esto significa no sólo que los instrumentos receptores disponen de los mensajes rápidamente, sino también que muchos mensajes pueden transmitirse en muy poco tiempo. Esto es especialmente útil debido a que MIDI puede transmitir un sólo mensaje a la vez. Por ejemplo, si usted toca un acorde de tres notas en un teclado MIDI, los tres mensajes Note On son realmente enviados uno después de otro, en rapidísima sucesión.

Dos Categorias de Mensajes

Los mensajes MIDI se dividen en dos grandes categorías: mensajes de *canal* (channel messages) y mensajes de sistema (system messages).

- Los mensajes de canal son transmitidos y recibidos en un específico canal MIDI, que puede ser comparado a un canal de TV: un instrumento tiene que ser "afinado" al canal correcto o no podrá recibir lo que se está transmitiendo. Hay 16 canales disponibles y cada uno puede llevar diferentes mensajes en el mismo cable MIDI. Esto hace posible, por ejemplo, tocar diferentes partes musicales al mismo tiempo.

  Hay generalmente dos posiciones de canal aplicar a un instrumento MIDI: *el canal de transmisión* (transmit channel) es el canal por el que un instrumento transmite mensajes MIDI y el *canal de recepción* (receive channel) es el canal por el que un instrumento responderá a los mensajes MIDI que reciba.

- Los mensajes de sistema no están restringidos a un canal MIDI específico, sino que son transmitidos a todo el equipo que está conectado a un sistema MIDI. Este es un modo eficiente para transmitir información pertinente a muchos instrumentos a la vez.

En los capítulos 3 y 4 se explorarán en profunidad los mensajes de canal y de sistema, pero primero un vistazo a lo que MIDI puede hacer.

2

Lo Que MIDI Hace

MIDI PUEDE USARSE para un montón de propósitos diferentes, pero los dos más comunes son actuación en vivo y grabación.

ACTUACION
Ha pasado mucho tiempo desde que la mayoría de cines americanos tuvieron un órgano de tubos, durante la época dorada de las películas mudas. Hoy en día tales órganos de teatro se encuentran más a menudo en los "pizza parlors". Si usted ha visto tocar uno de estos instrumentos, sabrá lo extraordinarios que son. El organista toca en diferentes teclados, enviando vibrantes nubes de sonidos desde las hileras de tubos. Luego, alcanza y sacude un conmutador y, de repente, suspendido del techo, un xilofón suena conjuntamente con su ejecución. Sacude otro conmutador y un piano sonando contra la pared entra y suena con el conjunto, las teclas parecen como pulsadas por los dedos de algún virtuoso invisible.

El control remoto de los xilofones, pianos, campanas y tambores, que está dentro de las posibilidades del órgano de teatro, lo hace aparecer como un instrumento en verdad mágico. Es precisamente este tipo de control remoto, lo que tenían en mente los autores del diseño de las especificaciones MIDI.

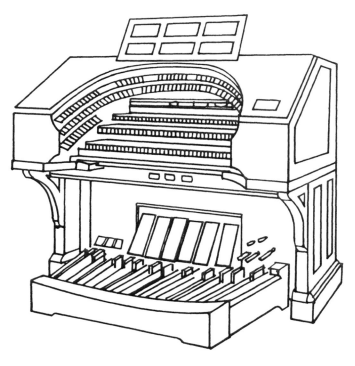

El órgano de teatro: un sistema pre-MIDI.

El más simple tipo de montaje MIDI es el de tocar dos instrumentos desde el teclado de uno. Esta es la conexión llamada "master-esclavo". En este caso, el instrumento desde cuyo teclado usted desea tocar (el master) debe tener un cable MIDI conectado a su "port" MIDI OUT. El otro extremo del cable debe enchufarse en el "port" MIDI IN del otro instrumento (el esclavo).

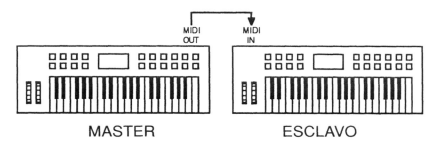

Una conexión master-esclavo

Ahora cuando usted toca el teclado del master, el esclavo sonará también. Cuando toca el master transmite mensajes a través del cable MIDI, mensajes que son recibidos por el esclavo, que responde como si su propio teclado fuese tocado. La única diferencia es que las teclas mismas en realidad no se mueven. Este duplicado de partes por medio del control MIDI se llama algunas veces colchón o refuerzo.

Si usted conecta IN a OUT, en vez de OUT a IN, el otro instrumento se convierte en un master. Si usa dos cables y conecta IN a OUT y OUT a IN, podrá usar varios instrumentos como master.

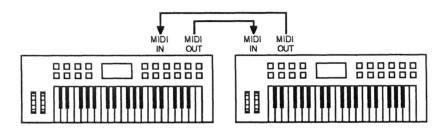

Una conexión master-esclavo en los dos sentidos

Es importante insistir en que lo que se envía por el cable MIDI es información, no sonido. El sonido producido por el esclavo (piano, cuerdas, graznidos de pato, etc.) no depende del sonido producido por el master. De hecho, la utilidad de este tipo de montaje reside en que cada instrumento produce un sonido diferente; resultando un duplicado de partes musicales análogas, para diferentes secciones de una orquesta, tocando las mismas notas. Aun más, tanto el master como el esclavo requieren algún tipo de salida de audio, la conexión MIDI no elimina la necesidad de ambos instrumentos de ser conectados a amplificación y altavoces para poder ser oidos.

Debido a que un esclavo puede tocarse sin necesidad de que su teclado sea tocado, hay ahora instrumentos producidos para el expreso propósito de ser esclavos MIDI. Estos instrumentos llamados módulos de sonido o expanders, no tienen teclados y por tanto cuestan menos que sus equivalentes que sí los llevan.

Tales módulos estan frecuentamente hechos para ser montados en racks de medidas estándar para equipos, estas unidades no sólo ahorran dinero sinó también espacio. Los módulos de sonido confían en la recepción de mensajes MIDI para sonar.

La otra cara de la moneda son los controladores master MIDI. Tales "instrumentos" no producen sonido por si mismos, sino que han sido hechos solamente para transmitir mensajes MIDI a los esclavos. Los controladores más comunes son teclados, pero hay también controladores de viento (para intérpretes de madera y metal), controladores de percusión (para bateristas) y controladores de guitarra (algunos de estos también pueden tocarse como guitarras normales). Aun más, hay convertidores de Tono-a-MIDI, que permiten que un instrumento acústico-o incluso la voz humana-sea usado como controlador MIDI.

No importa qué tipo de aparatos sean el master y el esclavo-sintetizadores, módulos de sonido, teclados portátiles, etc.-la naturaleza humana dicta que usted querrá añadir más a su montaje MIDI, más pronto o más tarde. El port MIDI THRU permite hacer estas adiciones. Añadir esclavos en serie, se conoce como cadena-margarita.

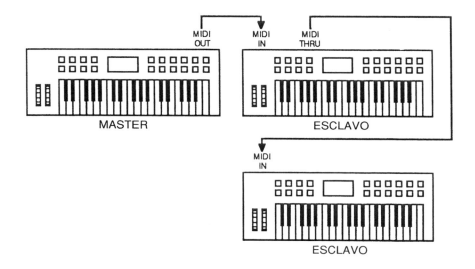

Un montaje simple en cadena-margarita

Los mensajes son transmitidos por el port MIDI OUT del master y recibidos por el port MIDI IN del primer esclavo. Estos mensajes pasan por el port MIDI THRU de este esclavo. Esto permite que los mensajes alcancen a todos los instrumentos.

Hay unos pocos aspectos de este montaje que podrían no ponerse en evidencia:

- Cada instrumento precisa de su propia salida de audio. Para instrumentos con altavoces incorporados, estas salidas ya están previstas. Pero para instrumentos sin ellos se requiere una amplificación externa. Aún un pequeño montaje MIDI puede necesitar un mezclador-un aparato que mezcla señales de audio procedentes de varias fuentes - (en este caso, instrumentos musicales). La salida del mezclador alimenta al amplificador de potencia, que lo dirige a uno o más altovoces.

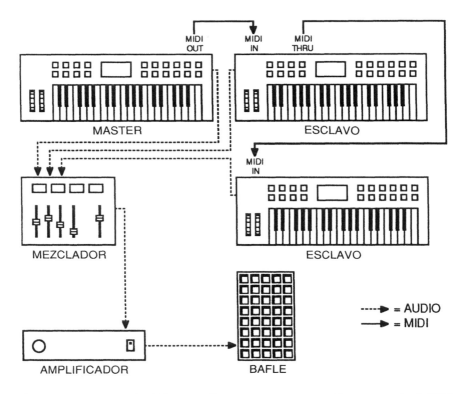

Conexiones de MIDI y audio para un pequeño montaje MIDI.

18

No caiga en la tentación de utilizar un cable en "Y" para mezclar las señales de audio. Esto las distorsionaría.

- Si tiene un instrumento de un cierto tipo o marca que ha usted le gusta, sentirá la tentación de comprar otro parecido. Como regla general, su dinero estará mejor empleado en uno que suene diferente, ambos le darán una más amplia variedad de sonidos e incrementarán la probabilidad de que sus instrumentos se complementen, en vez de que simplemente uno duplique al otro.

- Hay un problema potencial en una cadena-margarita de dos o más de tres esclavos: La transmisión puede convertirse en irrealizable. La solución es usar una MIDI THRU BOX; esta caja de conexiones produce varias señales THRU procedentes de una única IN.

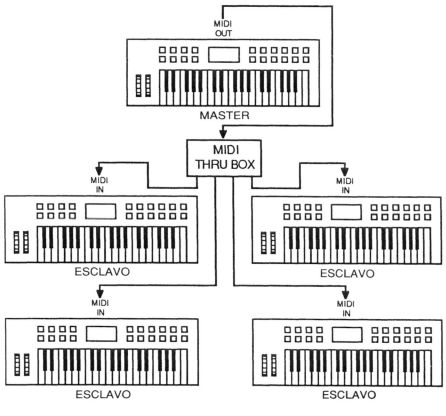

Montaje con una MIDI THRU BOX

19

Este sistema es conocido como montaje en estrella, debido a que los cables conectados a la caja THRU recuerdan las puntas de una estrella.

La utilización de un gran número de esclavos es menos frecuente en actuaciones en directo (si exceptuamos la escenificación de algún gran grupo de rock), que en grabación y reproducción MIDI. Veámoslo a continuación.

GRABACION Y REPRODUCCION MIDI (SECUENCIAR)

El uso ha establecido como una ley que todos los nombres de los instrumentos musicales electrónicos tenían que empezar con la letra "s". Esta ley tiene que ser repudiada en la práctica, ya que viola los derechos de las otras letras, sin embargo nos ha dejado una herencia de sintetizadores, samplers y secuenciadores. Un *secuenciador* o *grabador de secuencias* es el nombre por el que los grabadores MIDI son todavía conocidos. Consecuentemente, usar uno de estos aparatos se conoce como *secuenciar.*

Un secuenciador puede ser una "caja" separada, diseñada para el propósito de grabación MIDI; o ser una característica incorporada a un instrumento tal como un teclado portátil o un sintetizador, o un programa, con este propósito, para ordenador. No importa que forma tome un secuenciador y no importa que "campanas o pitos" (características especiales) pudieran tener, todos los secuenciadores ejecutan la misma labor básica.

Recuerde lo simple que es grabar y que es similar en muchos aspectos con los grabadores de cinta con los que usted probablemente estará familiarizado: sitúe la grabadora en RECORD y grabará lo que usted toque. Pulse STOP, luego PLAY y reproducirá lo que haya grabado (playback). Sin embargo, hay algunas diferencias.

En primer lugar, note que los secuenciadores no requieren que usted rebobine la cinta antes de reproducir lo que ha grabado. ¡Esto es debido a que no hay ninguna cinta involucrada! La grabación tiene lugar en la memoria del ordenador, así usted no tiene que esperar a rebobinar.

Segundo, los secuenciadores graban mensajes MIDI, NO sonido. Lo que se almacena en la memoria son "NOTE ON", "NOTE OFF" y otros mensajes como éstos (más sobre este temas en los capítulos 3 y 4). Esto hace posibles una cantidad de cosas que están totalmente más allá de las capacidades de los grabadores de cinta:

- Se puede reproducir (playback) la música con un sonido diferente al usado durante la grabación.

- Se puede cambiar la velocidad (tempo) de la reproducción, a otra diferente con que se grabó, sin cambiar el tono de la música.

- Se pueden entrar notas una a una (grabación paso a paso), sin necesidad de tocar a tempo (grabación en tiempo real).

- Se puede editar lo que ya se ha grabado. Por ejemplo, es posible en muchas secuencias la habilidad de "enderezar" ritmos imprecisos (cuantización), o la habilidad de cambiar el tono de una nota simple equivocada (aunque estuviera editada).

Quizás la más cercana analogía con un grabador de cinta es la pianola. ¿La recuerda verdad? La música está almacenada en un rollo de papel agujereado. El papel es arrastrado a (través de la pianola y la posición y longitud de los agujeros determinan las notas a tocar y el tiempo de su duración. Como el secuenciador MIDI, la pianola graba y reproduce información de ejecución, mas que el sonido mismo. Así, lo grabado puede ser ralentizado, acelerado, reproducido en un instrumento diferente, etc, funciones que los grabadores de cinta no tienen.

La pianola: un primitivo (no MIDI) secuenciador.

Las conexiones MIDI para un montaje básico de secuenciación son simples: OUT a IN, IN a OUT.

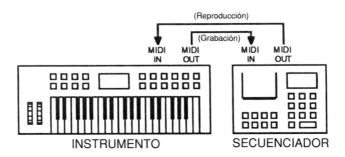

Un montaje básico de secuenciación.

Cuando el secuenciador graba, usted toca el instrumento. Lo que usted toca es transmitido, como mensajes MIDI, sale del port MIDI OUT del instrumento y, a través del cable MIDI, entra en el port MIDI IN del secuenciador.

Cuando el secuenciador reproduce su grabación, *él* toca el instrumento. La transmisión de la grabación sale por el MIDI OUT del secuenciador y, a través del cable MIDI, entra por el MIDI IN del instrumento.

Las cosas se ponen más interesantes cuando se añaden instrumentos al montaje. Por ejemplo, ahora necesita usted controlar la grabación en diferentes canales MIDI. Esto se manipula, en general, de uno de estos tres modos:

- Usted cambia el *canal de transmisión* del instrumento master para cada nueva parte que grabe. O...

- Usted cambia *el canal de grabación asignado* en el secuenciador para cada nueva parte que grabe. O...

- Usted sitúa el *canal de reproducción asignado* en el secuenciador para cada parte que el secuenciador reproduzca.

La opción a utilizar dependerá de lo que el equipo en cuestión pueda hacer. Algunos instrumentos no permiten cambiar el canal de transmisión, algunos secuenciadores no tienen la habilidad de asignar mensajes MIDI a un canal específico.

Si se carece de todas estas especialidades, se puede conseguir lo mismo usando un aparato llamado *canalizador MIDI*. Con este aparato, se puede conseguir que los mensajes transmitidos por el master sean asignados a cualquier canal que se dese.

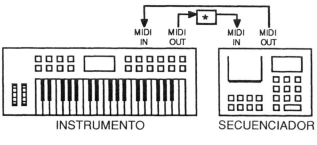

Conexión del canalizador MIDI.

Más y más instrumentos están hechos de modo que sean *multitímbricos*; capaces de tocar varios sonidos diferentes al mismo tiempo. Muchos de estos instrumentos llevan secuenciador incorporado o tienen la opción de secuenciadores externos para trabajar conjuntamente. Con muchos de estos instrumentos, no se necesita saber nada sobre canales MIDI, simplemente se graban las diferentes partes, una después de otra, escogiendo los sonidos deseados. El secuenciador es lo bastante "listo" para seleccionar por sí mismo los canales MIDI apropiados. El adjetivo "uso amistoso" es utilizado abusivamente, pero en este caso le viene al pelo!

El control del flujo de información MIDI se complica cuando usted dispone de más de un instrumento. Por ejemplo, vea la siguiente ilustración de un razonablemente sencillo sistema MIDI, consistente de un master, un esclavo y un secuenciador:

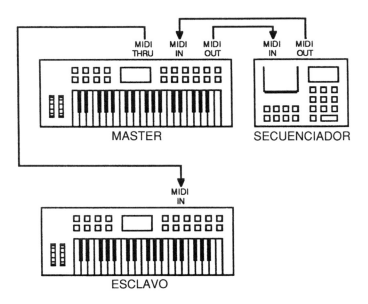

Un montaje de secuenciación con dos instrumentos.

24

En orden a que tal montaje funcione bien, así como que los instrumentos apropiados suenen ambos durante la grabación y durante la reproducción, se requieren dos cosas:

- El secuenciador deberá amplear una función conocida como "soft thru", "patch thru" o "echo back". Normalmente el MIDI OUT de un secuenciador sólo transmite lo que está grabado en la memoria del secuenciador. Pero cuando la "soft thru" actúa, el port out también actúa como port THRU, traspasando lo que recibe por el port IN.

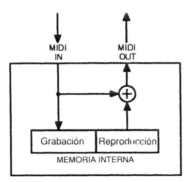

Conexión "Soft thru"

Si el secuenciador no tiene "soft thru", un *merger MIDI* puede cumplir esta misión, combinando las salidas de los ports OUT y THRU del secuenciador. (Nunca, NUNCA use un cable en "Y" para este propósito. Es una mala idea para la mezcla de audio y aún peor para MIDI).

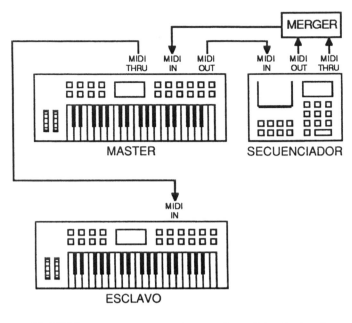

El MIDI merger como alternativa al "soft thru".

- El instrumento master deberá emplear una capacidad conocida como *local control off*. El control local tiene que ver en si el instrumento toca por sí mismo o no; por ejemplo, si el teclado de un sintetizador es la causa de que la circuitería productora de sonido toque.

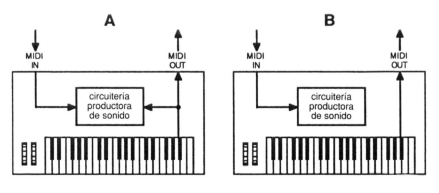

El control local está "ON" en A y "OFF" en B

Cuando el control local está en "off", tocando el master, éste no produce sonido directamente. Sino que los mensajes MIDI transmitidos desde el master al secuenciador y retornados al master vía "soft thru" son la causa de que el master suene. Esto evita el problema con notas dobladas, que podrían aparecer durante la grabación, si el control local estuviera "on".

Regresemos a la ilustración de la página 24: Cuando el secuenciador emplea "soft thru" (o un merger MIDI) y el master emplea el control local "off", los mensajes MIDI pueden alcanzar a ambos, master y esclavo, que podrían aparecer durante la grabación como la reproducción.

- Durante la grabación, los mensajes salen por el OUT del master, entran por el IN del secuenciador (donde son grabados) a través (thru) del secuenciador entran por el IN del master, a través (thru) del master, entran por el IN del esclavo.

- Durante la reproducción, los mensajes salen por el OUT del secuenciador, entran por el IN del master, a través (thru) del master entran por el IN del esclavo.

En los dos casos, los mensajes alcanzan a ambos, master y esclavo. Los canales de recepción que están seleccionados en los instrumentos determinan a qué mensajes responderán y a qué mensajes ignorarán.

Para más información sobre secuenciadores MIDI y secuenciación, vea *¿Qué es un secuenciador?* de Greg R. Starr (Hal Leonard Publishing, 1990).

3

Interfaceando la Música

ES EL MOMENTO DE EXAMINAR más de cerca la información que viaja a través del cable MIDI. Este capítulo expone brevemente los varios mensajes de canal y en el siguiente haremos lo mismo con los mensajes de sistema.

El byte de status de cada mensaje de canal - la primera 'palabra' del mensaje, que identifica qué tipo de mensaje es - incluye el canal por el cual el mensaje está siendo transmitido. Retornando a nuestro ejemplo "Este es un mensaje Note On", realmente dirá "Este es un mensaje Note On por el Canal X", donde X puede ser cualquier número de 1 a 16.

Esta inclusión de número de canal dentro del mensaje, hace posible enviar mensajes por múltiples canales a través de un único cable MIDI. El instrumento receptor responde sólo al canal(es) para el cual ha sido seleccionado e ignora el resto.

Los mensajes de canal se dividen en dos subcategorías:

- Mensajes de canal de *voz*, en los cuales es donde la mayoría de las acciones MIDI tienen lugar. Estos son los mensajes que llevan la información sobre la ejecución tal como los agujeros en la pianola.

- Mensajes de canal de *modo*, los cuales tienen que ver con el cómo un instrumento responde a los mensajes de canal de voz. Esto sera clarificado enseguida.

MENSAJES DE CANAL DE VOZ

Note On. Este mensaje parece ya como un viejo amigo. Significa iniciar la nota.

El byte de status dice: "Note On por Canal X"

El primer byte de información dice la nota a iniciar. Recuerde que MIDI es un interfaz *digital*, así todo está especificado en números. Hay 128 números MIDI de nota a escoger (0-127). Para darle a usted una idea de la amplitud de extensión de las notas: las 88 notas del teclado de un piano corresponden a los números MIDI de nota 21-108. El Do central es el número de nota 60. (MIDI no dice nada sobre el tono real producido por un instrumento, simplemente su número de nota. Esta independencia del número de nota y el tono es una de las cosas que hacen a los instrumentos MIDI tan flexibles).

El segundo byte de información dice a qué velocidad (cuan fuerte, literalmente cuan rápido) se toca la nota. Aunque la mayoría de instrumentos MIDI traducen velocidad en potencia del sonido (a más alta velocidad, la nota más potente, como un piano), un instrumento debería ser capaz de hacer cosas con esta información (por ejemplo, tocar notas más suaves con velocidades más altas).

La gama de velocidades es 1-127. (Descubrirá que 127 y 128 son "números mágicos" en MIDI, la razón tiene que ver con detalles técnicos de las matemáticas MIDI, por las que usted no precisa preocuparse). Un instrumento no *sensible a la velocidad* transmite todas las notas con la misma velocidad (64 en la mayoría de tales instrumentos), debido a que es esencialmente la media entre 1 y 127. Algunos instrumentos que no pueden enviar diferentes velocidades desde sus propios teclados, *pueden* responder a diferentes velocidades vía MIDI, esto es común en instrumentos asequibles.

Un aspecto especial de este mensaje es que un Note On con velocidad 0 actúa como un Note Off, o sea que silencia el número de nota que está especificado en el primer byte de información. Los instrumentos que transmiten Note On con 0 velocidad, en vez del separado mensaje Note Off (descrito a continuación), normalmente usan de algo llamado *running status* que reduce el número de bytes que deben ser transmitidos.

Running status es una regla especial de MIDI que establece para múltiples mensajes de canal el mismo status byte (ejemplo, Note On por Canal 1), el status byte necesita sólo ser transmitido una vez, al principio de un grupo de mensajes.

Note Off. Note Off es el complemento de Note On, se usa para parar la nota.

El status byte dice: "Este es el mensaje Note Off para canal X".

El primer byte de información dice qué número de nota ha de ser desconectada.

El segundo byte de información es un valor de velocidad, corresponde a cuan rápido la tecla es soltada en el teclado del instrumento. No muchos instrumentos transmiten o responden a la velocidad del soltado de la tecla, como es bien sabido. Debido a que algún valor de velocidad debe estar presente en el mensaje se sitúa generalmente a 64 e ignorada. Consecuentemente, el mensaje Note Off es poco práctico en ventajas sobre el Note On con velocidad 0.

En la mayoría de circunstancias, no hay diferencia si su instrumento usa por separado el mensaje Note Off o no.

Presión (After-Touch). Algunos teclados poseen la habilidad de responder a la presión sobre las teclas, después de haber sido tocadas las notas. Para éstos, Presión es el mensaje que usualmente transmiten. (Instrumentos MIDI sin teclado, a menudo transmiten mensajes de Presión de diferentes modos. Las guitarras MIDI usan normalmente un pedal variable; instrumentos de viento MIDI corrientemente usan presión de soplido).

Realmente, Presión no es un mensaje, sino dos distintos:

- Presión de *Canal (monofónico)* es transmitido sin importar que tecla es presionada, y afecta a todas las notas tocadas en el canal en cuestión.

- Presión de *Tecla (polifónico)* se transmite separadamente para cada tecla y afecta sólo al número de nota para el cual es transmitido. Este es más versátil que el de presión de canal, pero puede fácilmente "obstruir" el cable MIDI con una abundancia de mensajes. Es también más caro de implementar que la presión de canal. Consecuentemente es el menos común de los dos.

Muchos instrumentos (especialmente los más baratos) no transmiten ni responden a cualquier mensaje de presión. Otros implementan sólo el de presión de canal. Un pequeño número permite ambos, presión de canal y presión de tecla, aunque usualmente no al mismo tiempo.

Cambio de Control (Control Change). La gente que diseñó MIDI no eran simplemente una colección de frios e insensibles ingenieros. Al contrario, eran unos *románticos* empedernidos, que rememoraban, con los ojos nublados de cariño, los días de antaño cuando el panel de control de un sintetizador típico estaba festoneado con botones y conmutadores a porrillo y que, usando estos botones y conmutadores, era posible manipular el sonido de un modo estimulante a lo largo de la actuación. Rememoraron y razonaron que MIDI debía proporcionar algún parecido tipo de control para los más nuevos instrumentos.

Así diseñarón un conjunto separado de mensajes de canal de voz, como mensajes de cambio de control. Usted puede imaginarse que estos son los botones y conmutadores.

Hay disponibles 128 números control MIDI posibles (0-127).

- Los números 0-31 son controladores contínuos, son los "botones" MIDI; aunque puedan tomar la forma material de cursores, ruedas, pedales variables, controladores de soplido, etc.

- Los números 64-95 son los controladores de on/off, son los "conmutadores" MIDI, y son a menudo botones o pedales.

Estos son los números importantes, no se preocupe por los otros.
De estos controles, algunos tienen definiciones específicas. Por ejemplo:

CONTROLADOR	DEFINICIÓN
1	Control de Modulación
2	Control de Soplido
7	Volumen
64	Pedal Sustain

Algunos instrumentos MIDI le permiten decidir qué número de control MIDI será asignado a un controlador físico dado. Este asignamiento flexible, llamado control mapping, puede ser útil para hacer que dos instrumentos trabajen bien juntos.

Cambio de Programa (Program Change o Patch Select). La mayoría de instrumentos MIDI ofrecen más de un sonido para tocar. Tales sonidos a menudo se llaman programas o registros (patches). Como regla general, seleccionando un programa en un instrumento MIDI, causará que el instrumento transmita un mensaje de cambio de programa. De este modo, por ejemplo, cualquier unidad esclava puede también cambiar programas. O el número de programa puede ser grabado al principio de una grabación secuenciada; así que al reproducir, el mismo número de programa será siempre seleccionado.

Observe que es el número de programa lo que se transmite, no el sonido mismo. Cuando usted selecciona el programa número 5, podría ser Piccolo en el instrumento master y Trompa en el esclavo. Y si usted tiene un sintetizador y decide cambiar el programa 8 de un sonido de violín a un gong, vigile cuando reproduzca la secuencia, pues tiene un mensaje de cambio de Programa 8 grabado al principio.

La numeración de programas es un juego divertido de intentar resolver. El mensaje MIDI de Cambio de Programa puede usar los números 0-127. Pero los botones del instrumento pueden empezar su numeración con el 0, o el 1, o el 11, o posiblemente cualquier otro. Usted puede agradecérselo a la gente que diseña los instrumentos de este modo, porque ellos ayudan a que los redactores de manuales de instrucciones mantengan su empleo.

Así como algunos instrumentos le permiten delinear un mapa (mapping) de los controladores físicos para los diferentes números de control MIDI, otros le permiten delinear un mapa de los sonidos para diferentes números de programa MIDI. Dependiendo del instrumento, los números de programa transmitidos, o los recibidos, o ambos, pueden ser delineados en un mapa. Esto es muy útil cuando usted quiere algo diferente que una Trompa se dispare en el esclavo cuando escoja Piccolo en el master. Pero esto también puede causar confusión: Imagine que escoge el número de programa 3, pero éste está delineado en el mapa para transmitir el 17; y cuando el esclavo recibe 17, resulta que está delineado en el mapa para seleccionar 84!

Oscilación de Tono (Pitch Bend). Los mensajes de "Pitch Bend" vienen a decir: oscilar el tono abajo o arriba desde cualquiera que sea el tono "normal". En los teclados, una rueda especial, palanca, o un "joy stick", cerca del extremo izquierdo de los mismos, son a menudo responsables del "pitch bend".

Al igual que los números de nota MIDI, los mensajes de "pitch bend" no tienen nada que ver en sí mismos con el tono real en cuestión. Un mensaje que dice: "oscilar el tono hacia arriba 100", puede resultar en un diferente valor de cambio de tono en dos diferentes instrumentos, dependiendo de la gama de oscilación de cada instrumento. Esta gama de posición puede ser o no ser programable (cambiable) en un instrumento concreto, que determinaría cuan arriba y cuan abajo el tono real oscilará cuando reciba el más alto o más bajo posible mensaje de "pitch bend". Si la gama de oscilación está situada en 12 semitonos, por ejemplo, el valor más alto de oscilación llevará el tono arriba una octava (12 semitonos); el valor de oscilación más bajo estará en la misma cantidad. (Nota: algunos instrumentos tienen una definición separada de las gamas de oscilación del tono, hacia arriba y hacia abajo.)

Los controladores contínuos de Pitch Bend y Presión, se llaman *mensajes contínuos;* a menudo transmitidos en largos flujos para reflejar el cambio de posición del controlador físico en cuestión.

MENSAJES DE MODO DE CANAL

Los modos MIDI, mencionados al principio, tiene que ver con cómo un instrumento responde a los mensajes de canal de voz. Hay dos aspectos en esta respuesta:

- Omni Off o Omni On. Cuando Omni está en Off el instrumento receptor ha sido "afinado" a un canal particular en orden a responder a los mensajes de canal de voz en este canal. Tal cómo fueron explicados los canales un par de capítulos atrás. Pero ¡espere!, ¡hay más!. Cuando Omni está en On, significa que el instrumento responde a los mensajes de canal de voz, por todos los canales ("Omni" significa todos).

  Recuerde que el byte de status de un mensaje de canal de voz, incluye el número de canal. Con omni Off, el instrumento receptor presta atención a este canal de información; con Omni On, desprecia el canal de información y responde a todos los canales.

  Observe que la posición Omni, al igual que otras posiciones de modo, tiene que ver con la recepción de mensajes MIDI, no con la transmisión. Nada se transmite con Omni On.

- Poly o Mono. Cuando está en Poly, el instrumento puede tocar más de una nota al mismo tiempo (respuesta polifónica). Cuando está en Mono, el instrumento toca sólo una nota al mismo tiempo (respuesta monofónica).

Estos dos aspectos de respuesta MIDI pueden combinarse de cuatro modos, y estos son los cuatro modos MIDI:

- Modo 1: Omni On, Poly. El instrumento responde a todos los canales y toca polifónicamente. Algunas veces se llama modo Omni.

- Modo 2: Omni On, Mono. El instrumento responde a todos los canales y toca monofónicamente.

- Modo 3: Omni Off, Poly. El instrumento responde a sólo un canal a la vez y toca polifónicamente. Algunas veces llamado modo Poly.

- Modo 4: Omni Off, Mono. El instrumento responde a varios canales adyacentes y toca monofónicamente en cada uno de ellos. Algunas veces se llama modo Mono.

El Modo 2 se usa raramente. Los Modos 1 y 3 son comunes entre los instrumentos que pueden tocar un sonido a la vez. El modo 4 se usa en instrumentos *multi-tímbricos* - aquellos que pueden tocar mas de un sonido a la vez, en diferentes canales MIDI. De hecho la mayoría instrumentos en Modo 4, realmente responden polifónicamente en varios canales; este es conocido como modo *multi*, aunque este Modo MIDI no es oficial.

Estos son los Modos y todos los instrumentos receptores emplean al menos uno de ellos. El modo *mensajes* tiene la habilidad para que el Modo sea situado por control remoto, vía MIDI.

Hay mensajes para aplicar Omni Off, Omni On, Poly On y Mono On. El mensaje Mono On incluye la habilidad de determinar cómo el instrumento responde a muchos canales adyacentes.

Si usted fuera especialmente avispado, podría plantear esta cuestión: "Si un instrumento puede responder a más de un canal MIDI a la vez, en qué canal son transmitidos los mensajes de modo de canal?. La respuesta es que dentro del mismo instrumento habrá un registro (el cual se podría o no poder cambiar, dependiendo del instrumento) designando un canal como canal *Básico*. Este es el canal por el cual el instrumento responde a los mensajes de modo; que es el primero de los canales adyacentes usados en el modo Mono.

Un canal adicional de designación se encuentra en algunos instrumentos multitímbricos, es el canal *Global*. Que es definido con el canal Básico menos 1 (o, si el canal Básico es 1, el canal 16). Se usa para mensajes que adrede afecten a todas las partes, tal como Presión.

Además de los mensajes que realmente sitúan el modo, los mensajes de modo de canal incluyen un par de conceptos afines:

- Control Local On/Off. Se usa para determinar si el mecanismo de ejecución de un instrumento (por ejemplo, el teclado) está internamente conectado a la circuitería productora de sonido. En el capítulo 2 analizamos el uso del control local off en secuenciación. Tenga presente que si un instrumento responde o no a los mensajes de control local, es un asunto separado de que si el control local puede ser situado o no desde el panel del instrumento.

- All Notes Off. Se usa para silenciar todas ("all") las notas de un canal dado. Aparatos MIDI que emplean un "boton de pánico" para cortar notas introducidas, normalmente usan este mensaje. (Algunos instrumentos transmiten este mensaje cada vez que todas las teclas son soltadas en el teclado; este no es el uso para el que este mensaje fue concebido, y puede suceder que algunas notas sean recortadas durante la secuenciación).

Los mensajes de modo de canal son realmente parte del Cambio de Control, categoría de los mensajes de canal de voz. Para especificar, son los números controladores 122-127. Excepto para el mensaje de Control Local (número 122), cada mensaje de modo se le supone una función como un All Notes Off; de este modo, no habrá posibilidad de que se introduzcan notas cuando el instrumento cambia de modos.

4

¡Todos Los Sistemas En Marcha!

MIENTRAS LOS MENSAJES DE CANAL son transmitidos por un canal MIDI específico, los mensajes de sistema no tienen esta restricción. Esto les permite comunicar ciertos tipos de información a un sistema MIDI completo.

Los mensajes de sistema se dividen en tres sub-categorías:

- Mensajes de sistema en *tiempo real*, los cuales tienen que ver con la sincronización de aparatos tales como secuenciadores y unidades de ritmo.

- Mensajes de sistema *comunes*, que cubren una variada gama de funciones.

- Mensajes de sistema *exclusivo*, los que principalmente tienen que ver con una información que es exclusiva de ciertas marcas o modelos de instrumentos.

Mensajes de Sistema en Tiempo Real

Imagine, si le parece, la siguiente escena: Un sencillo músico aficionado de nombre Norman Neófito, acaba de comprar una unidad de ritmo MIDI, para proporcionar un ritmo a sus empeños de compositor. Sus compras previas incluyen un secuenciador y un surtido de teclados MIDI. Lleva, desde la tienda, su nuevo y reluciente juguete a su casa, lo saca de la caja y conecta los cables MIDI. Lentamente alcanza el boton de START. El Sr. Neófito va a cruzar el límite y entrar en la "dimensión desconocida" de... "The Timing Zone".

Siempre que usted tenga dos piezas de un equipo que producen una secuencia de acontecimientos en el tiempo, usted necesita algún modo de sincronizarlos. Lo primero que se nos ocurre es la combinación de un secuenciador y una unidad de ritmo; pero hay otras posibilidades, como arpegiadores, aparatos MIDI de retardo o secuenciadores múltiples.

Los mensajes de sistema en tiempo real proporcionan esta sincronización. Hay mensajes para Iniciar (Start) y Parar (Stop) la grabación o la reproducción, así estos aparatos empiezan y terminan al mismo tiempo. Hay también mensajes Contínuos para reanudar la.reproducción en el punto en que fué interrumpida.

El más importante es el mensaje MIDI Timing Clock (a veces traducido por mensaje de señal de reloj). Este mensaje es transmitido 24 veces durante cada nota negra, para mantener la sincronización. En orden a que la sincronización funcione, un aparato es designado como master y los otros hacen de esclavos. El master se dispone para que use su clock (señal de reloj) interna como tiempo de referencia. Transmite sus mensajes en tiempo real desde su MIDI OUT a cualquier esclavo, los cuales reciben este mensaje vía sus ports MIDI IN. Los esclavos se disponen para que usen el clock *externo (MIDI)* como su tiempo de referencia, así estos mantienen la coordinación con el master.

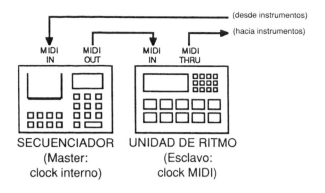

(desde instrumentos)
(hacia instrumentos)

MIDI IN   MIDI OUT   MIDI IN   MIDI THRU

SECUENCIADOR
(Master:
clock interno)

UNIDAD DE RITMO
(Esclavo:
clock MIDI)

Un ejemplo de conexiones para sincronización

Otros mensajes de sistema en tiempo real son:

- Sensibilidad Activa (Active Sensing). Es transmitido varias veces
  por segundo por algunos equipos (sintetizadores, especialmente)
  como manera de notificar a las unidades conectadas: "Aún estoy
  aquí". La idea es que si el cable MIDI es desconectado
  accidentalmente, la unidad receptora se entere de porque se ha
  parado la recepción de los mensajes de sensibilidad Activa. La
  unidad puede entonces reaccionar para silenciar cualquier nota
  introducida que podría haber tenido efecto desde la desconexión.

- Sistema de Borrado (System Reset). Este mensaje puede usarse
  teóricamente (en realidad, muy pocos aparatos lo emplean) para
  borrar (poner a cero) todo el equipo en el sistema - otro mando del
  tipo "boton de pánico".

Puesto que la cronología es crucial para que los mensajes del sistema en
tiempo real cumplan su cometido, todos son mensajes un-byte. Esto
significa que puede comunicar la información necesaria en la mínima
cantidad de tiempo posible.

Además, pueden aparecer siempre que se necesiten en la corriente de
información MIDI-incluso en medio de otro mensaje. Esto asegura que
pueda mantenerse una ajustada cronología.

Mensajes de Sistemas Comunes

La categoría de mensajes de sistemas comunes es un recogedor de funciones que no se asientan en ninguna otra parte:

- Indicador de Posición de Canción (Song Position Pointer). Este mensaje permite que secuenciadores y unidades de ritmo se alineen ellos mismos, en el mismo lugar dentro de una canción. Una vez establecida la localización dentro de la canción, el mensaje Contínuo en tiempo real puede usarse para empezar la grabación o reproducción desde este punto.

- Selección de Canción (Song Select). Algunos secuenciadores y unidades de ritmo pueden almacenar más de una canción, al mismo tiempo, en su memoria. Este mensaje permite escoger correctamente el número de canción de entre las disponibles.

- Demanda de Afinación (Tune Request). Este mensaje se utiliza en los sintetizadores analógicos, para pedirles que afinen sus osciladores. El autor intentará refrenar su afan poético sobre cuan maravillosos son los viejos sintetizadores analógicos, cuando se comparan con los más nuevos digitales. Basta decir que pocos instrumentos usan aún este mensaje.

Un anexo a las especificaciones MIDI, llamado Código de Tiempo MIDI (MIDI Time Code o MTC), también hace uso de los mensajes comunes. MTC es un sistema de sincronización MIDI con el mundo real mientras que los mensajes MIDI en tiempo real proporcionan un sistema *relativo* de tiempo (24 clocks por nota negra, la nota negra en si puede darse rápida o lenta), el MTC marcha en tiempo *absoluto* (horas, minutos, segundos y fracciones de segundo). Esto es especialmente importante en la sincronización de sonido para películas y vídeo.

El único mensaje MTC incorporado en la categoría de sistemas comunes es el mensaje "Quarter Frame". Es más o menos análogo al Código de Tiempo MIDI, excepto que contiene referencias al tiempo absoluto corriente.

El resto de los mensajes MTC están en la categoría del sistema exclusivo.

Mensajes de Sistema Exclusivo

La idea a la zaga de MIDI es la comunicación entre instrumentos de cualquier marca. Pero los diseñadores de las especificaciones, previeron la necesidad, para instrumentos de una marca determinada, de ser capaces de intercambiar información sólo con los de esta marca o modelo. Los mensajes de sistema exclusivo fué la respuesta a esta necesidad.

Los fabricantes de equipo MIDI han asignado unos únicos números ID (de identificación) para uso en sus mensajes de sistema exclusivo. Mas allá del uso del número ID, hay una cierta estandarización acerca de los mensajes "sys-ex", como son conocidos. Los fabricantes son libres de usarlos para comunicar lo que quieran y cuanto quieran de la información que deseen.

El uso más común es el de transmitir registros (patch/parámetros) entre instrumentos o un instrumento y un ordenador que está dotado de un programa especial (software) diseñado para mostrar, manipular o almacenar tales registros (patch settings). A menudo, la totalidad del contenido de la memoria de un instrumento puede ser transmitida en un mensaje "sys-ex", algunas veces llamado *volcado* de memoria.

Debido a que la categoría sistema exclusivo fue definida tan ambiguamente, cuando las especificaciones fueron escritas por vez primera, ha sido usada como un sitio conveniente para hacer añadidos a las especificaciones:

- Código de Tiempo MIDI (MIDI TIME CODE=MTC). Este fue analizado brevemente en los mensajes de sistema común. Los mensajes MTC que hacen el grueso del trabajo - tal como direccionar una pieza del equipo a iniciar o parar la grabación en un punto determinado, o regresar a una localización especial -, que son mensajes especiales del sistema exclusivo.

- Volcado Estándar de Muestra. (Sampler Dump Standard) Este es un modo universal de transferir sonidos muestreados (grabados digitalmente) entre instrumentos MIDI, aunque sean de distintas marcas.

Los números ID usados en estos mensajes identifican un específico tipo de mensaje, más que a un fabricante.

5

Un Mapa De Ruta MIDI

AL PRINCIPIO DEL LIBRO se estableció que no todos los aparatos MIDI entienden todos los mensajes MIDI, ni tienen la obligación. Un secuenciador puede transmitir y recibir mensajes de sistema en tiempo real; mientras que un módulo de sonido no le es necesario. De hecho, un módulo de sonido no puede transmitir mensajes MIDI de ningún modo, por la sencilla razón que no tiene el port MIDI OUT.

"Sería una buena idea", podría usted decir, "tener algún modo de estandarización para con una ojeada ver exactamente que partes de una especificación MIDI de un instrumento se usan". Los autores de las especificaciones MIDI también lo pensaron y, por ello, diseñaron la Tabla de Uso MIDI (MIDI Implementation Chart).*

Una copia en blanco de esta tabla aparece en las páginas 44 y 45. Se supone que los fabricantes proporcionan tal tabla (rellenada, naturalmente) con cada pieza de equipo MIDI que producen. Tiene siempre el mismo tamaño y formato, así los instrumentos pueden ser comparados fácilmente. Entendamos que no se puede comparar de este modo cada característica en dos instrumentos; sólo los mensajes MIDI que éstos usan ("implementan").

*N. del T.
La palabra "implementación" no existe en español, aunque en el ramo todo el mundo la usa. Quizás, por ello, aparezca en el Diccionario de la Real Academia edición 1992. O sea que, amable lector...usted mismo!

La parte superior de la tabla muestra el fabricante, el modelo y el número de versión del instrumento, así como la fecha de la tabla.

El cuerpo de la tabla está dividido en cuatro columnas: una lista de las funciones MIDI, una columna indicando si estas funciones son transmitibles, otra indicando si son reconocidas y una columna adicional para advertencias clarificadoras que el fabricante considere necesarias.

En la parte inferior de la tabla hay un espacio para cualquier nota adicional. Debajo de ésta están las definiciones de los números de modo (puesto que los modos son referenciados por números dentro de la tabla) y una clave de símbolos que significan "si" y "no" en la tabla. Usualmente "o" significa "si" y "x" significa "no", aunque ocasionalmente pueden encontrarse al revés.

Esto es todo lo que hay del asunto. Si una función muestra el símbolo de "si" en la columna "Transmitido", significa que el aparato transmite tal mensaje. Si muestra el símbolo de "no" en la columna "Reconocido", significa que no lo reconoce. Sencillo ¿no?.

No. No es tan simple. Por ejemplo, recuerde un módulo de sonido sin un port MIDI OUT. La columna "Transmitido" en la tabla de uso ("implementación") para este aparato podría haber todo "x", o podría estar toda en blanco, o trazos, o podría estar toda rellenada con "N/A" (no aplicable).

O considerar que un instrumento puede ser programado para transmitir o no transmitir mensajes de Cambio de Programa. En el recuadro apropiado de la tabla podría contener "ox", o "?", o "*", o posiblemente cualquier otra cosa. El significado aquí será teóricamente clarificado en las notas o advertencias.

Tabla de Uso MIDI

Fabricante:

Modelo:
Versión:

Fecha:

Función		Transmitido	Reconocido	Advertencias
Canal Básico	Omisión Cambiado			
Mode	Omisión Mensajes Alterado			
Número de nota :	Voz real			
Velocidad	Nota ON Nota OFF			
After Touch	Teclas Canales			
Modulador de Tono				

44

Cambio de Programa : Real			
Sistema Exclusivo			
Sistema : Canción Pos. : Canción Sel. Común : Afinación			
Sistema : Clock Tiempo Real : Comandos			
: Local ON/OFF Mensajes : Todas Notas OFF : Sensi. Activa Aux : Borrado			
Notas:			

Modo 1 : OMNI ON, POLY   Modo 2 : OMNI ON, MONO   o : Si
Modo 3 : OMNI OFF, POLY   Modo 3 : OMNI OFF, MONO   x : No

45

Vale la pena tomarse un respiro en este punto para citar otra "Regla" MIDI:

Aunque un aparato use un sistema MIDI, podría tener que ser programado para transmitirlo o responder a él.

Afortunadamente, tal "programación" no se parece en nada a la de un ordenador; usualmente necesita de la simple presión sobre unos pocos botones y situar unos pocos controles.

Algunas funciones en la tabla de uso requiere algo más que una simple respuesta de si o no. El Número de Nota, por ejemplo, requiere una gama de números en los recuadros apropiados.

Ahora que ya entendemos como "trabaja" la tabla de uso (o implementación), hagamos un rápido viaje através de las funciones para explicar algún que otro detalle potencialmente enigmático.

Canal Básico. "Omisión" (Default) significa en la posición en que está cuando la unidad es conectada por primera vez. "Cambiando" indica a que canales puede cambiarse esta posición.

Mode. "Omisión" es el modo posicionado cuando la unidad es conectada por primera vez. "Mensajes" significan los mensajes de modo de canal transmitidos y recibidos. "Alterado" se aplica, en algunos instrumentos, a la columna "Reconocido", cuando estos instrumentos reciben un mensaje de modo que ellos no usan y lo alteran a un mensaje que puedan reconocer.

Número de Nota. Esta es la extensión de números de nota MIDI que el instrumento transmite o reconoce. Si la extensión transmitida es mayor que el número de teclas del teclado del instrumento, normalmente significa que el instrumento tiene la función de transposición, que le permite el acceso a notas adicionales. Si se muestran dos extensiones en la columna "Reconocido" y la extensión de la voz Real es mas pequeña que las dos, significa que los números de nota fuera de la extensión de la voz Real, estarán desplazados una o más octavas hasta que caigan dentro de tal extensión.

Velocidad. Este concepto se explica mayormente por si mismo. La única cosa especial que debería verse es algo así como: "9nH(v=0)" para Nota Off; lo cual simplemente significa que un mensaje de Nota On, con una velocidad 0 es sustituido por un mensaje de Nota Off.

After Touch. Entradas separadas de mensajes de presión para Tecla (polifónico) y para Canal (monofónico).

Modulador de Tono, Cambio de Control. Se explican por si mismos.

Cambio de Programa. El Número Real aquí es similar a la Voz Real en la entrada de Número de Nota: Indica si un Instrumento substituye números de programa cuando recibe números fuera de su extensión.

Sistema Exclusivo. Significa Sistema Exclusivo, lo que no ayuda mucho. Un instrumento que transmite y reconoce mensajes de sistema exclusivo, debería tener disponible un documento separado describiendo estos mensajes con detalle - para aquellos que quieran complicarse la vida usando los "sys-ex" para comunicarse con el instrumento.

Sistema Común, Sistema en Tiempo Real, Mensajes Auxiliares. Son lo que parecen indicar. "Comandos", bajo el Sistema en Tiempo Real se refieren a Puesta en marcha (Start), Parada (Stop), y mensajes contínuos.

6

Más Allá de las Notas

Este libro ha cubierto ya los usos más comunes de MIDI (actuación en vivo y secuenciación), así como la mayoría de los aparatos MIDI corrientes (instrumentos musicales, secuenciadores y unidades de ritmo). Pero hay más para contar sobre este tema.

Los ports MIDI aparecen en una impresionante variedad de diferentes aparatos. Algunos de ellos se usan para enaltecer las aplicaciones básicas de ejecución y secuenciación, mientras que otros abren nuevas áreas de comunicación. Por ejemplo:

- *Controladores de luces* MIDI, que se usan para ligar cambios de iluminación en las actuaciones, con los cambios de la música.

- *Procesadores de señal* MIDI, *(efectos),* tales como reverberación y retardo (delay), que cambian el carácter del sonido en respuesta a los mensajes MIDI. Esto da a los músicos un control más preciso y elaborado sobre tales efectos, de lo que antes era posible.

- *Mezclas* controladas por MIDI, que permiten intrincados cambios en el balance de diversas partes, sean manejadas automáticamente por un secuenciador MIDI.

- *Aparatos MIDI de sincronización*, que trasladan mensajes de sistema a tiempo real o de Código de Tiempo MIDI (MTC), a una forma que puede ser grabada en una cinta, de tal modo que secuenciadores y grabadoras de cinta pueden usarse conjuntamente.

Además de estas categorías, están los *procesadores* MIDI. Estos son totalmente diferentes de los procesadores de señal controlados por MIDI que acabamos de mencionar. Un procesador de señales responde a los mensajes MIDI, pero actúa sobre la señal de audio (el sonido). Un procesador MIDI actúa sobre los mismos mensajes MIDI, interceptándolos, alterándolos o redireccionándolos y remitirlos a su ruta de nuevo.

Una caja MIDI THRU es un sencillo procesador MIDI. Esta toma un MIDI OUT y permite dirigirla a varios IN. Un aparato más elaborado, conocido por un *patch bay* MIDI o *routing box*, acepta varios IN y varios OUT. Cualquiera de los IN pueden ser dirigidos a cualquier OUT, por medio de una ruta que está programada en el aparato y reclamada con el toque de un botón. Esto ahorra enchufar y desenchufar cables MIDI cada vez que se desea cambiar el que un aparato "hable" con otro.

Mezcladores (mergers) y *canalizadores* mencionados en el capítulo 2, son también procesadores MIDI. Otra categoría prominente son los *filtros* MIDI los cuales pueden bloquear e impedir el paso de ciertos tipos de mensajes. Retardos (delays) MIDI puede producir variedad de efectos de repetición y ecos, a menudo sincronizados por los mensajes MTC.

Realmente los procesadores más elaborados pueden correlacionar/cambiar *(map)* unos tipos de mensajes con otros, por ejemplo, cambiar un mensaje de After Touch a otro de Pitch Bend (modulación de tono). Puesto que, después de todo, los mensajes sólo son números, tales aparatos de correlación *(mapping)* pueden hacer maravillas con la aplicación de un poco de matemáticas básicas, cambiando números altos por bajos y viceversa, entre otros.

Pero al margen de la utilidad de estos aparatos especializados, racionalmente el más importante aparato MIDI para un propósito generalizado es sólo uno: el ordenador.

THE ORDENADOR CONNECTION

Los mensajes digitales MIDI están hechos para dirigirlos a un ordenador personal. Pero dos cosas son necesarias para que un ordenador "hable MIDI".

- Primera, el ordenador debe tener ports MIDI. Aunque unos pocos modelos llevan estos ports incorporados, la mayoría requieren la adición de una *interfaz* MIDI: una interfaz para la Interfaz Digital para Instrumentos Musicales.

- Segunda, el ordenador debe tener un programa MIDI, un elemento de *Software*. Un ordenador, al contrario de la creencia popular, no es muy listo, es excesivamente estúpido. No sabe hacer nada a menos que se le diga exactamente que tiene que hacer y cómo tiene que hacerlo. El programa es el que se lo dice.

Hay varias ventajas al usar ordenadores para aplicaciones MIDI:

- La pantalla del ordenador es apta para mostrar una gran cantidad de información de un vistazo. Muchos programas MIDI poseen, además, la ventaja de una representación *gráfica* de los mensajes MIDI - puntos, líneas, curvas y otras figuras que pueden ser comprendidas fácilmente y pueden cambiarse y moverlas sobre la pantalla.

- La *memoria* interna de un ordenador normalmente proporciona un amplio "espacio" para guardar y manipular información. Y un almacenaje externo, en forma de uno o varios disquetes, facilitan retener la información después de trabajar con ella, que puede ser recuperada rápidamente.

- Los ordenadores son versátiles. Puede ejecutar muchos cometidos distintos dependiendo del programa que les hayamos introducido.

El ordenador: ¿el instrumento MIDI definitivo?

El programa que un ordenador utiliza, determina exactamente el uso que puede hacer de sus ports MIDI. Hay varios tipos de programas MIDI disponibles para los ordenadores personales:

- **Librerías de Registros.** Le permiten ensamblar una "librería" de sonidos a un sintetizador. Los registros se transfieren entre el sintetizador y el ordenador usando la información del sistema exclusivo.

- **Editores de Registros,** o programas de voces. Permiten editar voces con la ayuda del ordenador. De nuevo, los mensajes del sistema exclusivo lo hacen posible. Algunos de estos programas van aún más allá, como "inventar" nuevos registros.

- **Editores de Muestras.** Son los equivalentes a los editores de registros, para los instrumentos de muestreo (samplers). Sonidos grabados digitalmente, pueden ser cortados, rebanados, enlazados, rediseñados y aun más. Muchos de tales programas usan el "MIDI Sample Dump Standard" (Estándar MIDI de volcado de muestra) para "producir" sonidos muestreados de una marca o modelo de un "sampler" a otro.

- **Editores de Patrones de Unidades de Ritmo.** Colaboran en la composición o alteración de los patrones de percusión en las unidades de ritmos.

- **Secuenciadores.** Ofrecen capacidades más allá del propósito especial de un aparato secuenciador. Hay programas que hacen partes de la composición. Estos programas almacenan secuencias con el "Standard MIDI Files" (Archivo MIDI Estándar), un formato desarrollado para permitir que la misma música sea grabada, reproducida y editada en secuenciadores diferentes.

- **Albumes de Canciones** con arreglos de música. La ventaja de éstos sobre las grabaciones convencionales, es la misma que las otras secuencias: la habilidad para cambiar cualquier cosa de la ejecución (tempo, sonidos, numero de partes, etc.)

- **Impresión de Música.** Estos programas proporcionan partituras por la impresora del ordenador. Algunas veces están combinados con programas de secuenciador.

- **Telecomunicaciones.** Programas que permiten enviar y recibir información MIDI por teléfono.

- **Educación.** Programas que cubren todos los aspectos de la música desde la notación básica, al entrenamiento del oido, o las técnicas de ejecución.

- **Grabación Digital.** Ofrecen la colaboración del ordenador en el estudio de grabación por cinta. Estos programas usualmente requieren algún aparato adicional, para grabación de alta velocidad y manipulación del sonido.

- **Otras** categorías de programas son soñados casi semanalmente, según parece. Algunos de estos son programas enteramente nuevos, otros son cruces de tipos existentes (tales como grabación y secuenciación digitales, para el combinado de grabación de sonido y mensajes MIDI). Tales como velocidad del ordenador, memoria e incrementación de la capacidad de procesado, en donde los programadores están encontrando nuevas cosas que se puedan hacer.

7

Cuando Los Problemas Estallan

Son cosas de la vida: Cuantas más piezas están involucradas en un equipo, más númerosas las conexiones y más controles deben ser controlados, mayores son las posibilidades de que falle. Afortunadamente, los problemas con los equipos MIDI son normalmente fáciles de localizar, si se usan la cabeza y las orejas.

Hay una vieja historia sobre un rico músico amater que se imaginaba a sí mismo como un director de talento. Así regularmente alquilaba una orquesta para que tocara bajo su batuta. En una de tales ocasiones, el timbalista erró y en uno de sus despistados ataques, entró con un ¡brrrrr-uum-buumm! El caballero del podio estaba furioso. Silenció la orquesta y en voz alta quiso saber, "¿Quién hizo ésto?"

Usted debe estar en mejor posición que aquella alma cándida. Cuando el problema aparece en su sistema MIDI, usted debe ser capaz de eliminar algunas sospechas preguntando que unidad no funciona como espera de ella. Una vez hecho esto, el paso siguiente es definir el problema. Exactamente ¿qué funciona mal?. A partir de aquí, usted puede usar la tabla de las páginas siguientes para llegar a una solución. Los problemas más comunes en MIDI se hallan relacionados, con sus causas y los remedios sugeridos.

SÍNTOMA	CAUSA	SOLUCIÓN
El instrumento no suena	Fallo u olvido en la conexión de audio, o nivel de control está a cero.	Compruebe las conexiones de audio y niveles de control. Asegúrese que un programa (registro) de generación de sonido está seleccionado.
El esclavo no suena	Fallo u olvido en las conexiones MIDI.	Conecte el cable MIDI, que usted sabe que es el bueno.
	Cable MIDI mal conectado	Conecte OUT a IN ó THRU a IN. Los masters envían mensajes desde el OUT no el THRU; los esclavos pasan los mensajes vía THRU no OUT. Si un secuenciador está conectado entre el master y el esclavo, active su "soft thru", ya que el port OUT actúa en ambos, OUT y THRU.
	Unidad desconectada a contracorriente.	Conecte todas las unidades en una "cadena margarita" (OUT a IN a THRU a IN a THRU a IN...) así los mensajes fluirán a todas las unidades.
	Incorrecto asignamiento de canal	Sitúe el esclavo para recibir en el mismo canal en que transmite el master.
El master no suena	El Control Local está desconectado	Conecte el Control Local. O, si está conectado a un secuenciador, conecte el "soft thru" del secuenciador y conecte el OUT del secuenciador, de regreso al IN del master.
Una o más notas mantienen el sustain cuando no debieran	El cable MIDI deviene desconectado antes de que un mensaje Note Off fuera recibido.	Desconecte el instrumento con las notas introducidas, espere unos segundos y conéctelo de nuevo. Esto pondrá a cero la unidad y silenciará cualquier nota colgante. Como una alternativa, algunos secuenciadores y otros aparatos disponen de un botón, MIDI "panic" el cual, cuando es pulsado, está diseñado para silenciar las notas introducidas.
	El canal MIDI de transmisión fue cambiado antes de que un mensaje Note Off fuera recibido.	
	Con un secuenciador en reproducción: Un mensaje Note Off fue borrado durante la edición o regrabación en el secuenciador.	
	Con un secuenciador en reproducción: La reproducción fue parada antes de que el mensaje Note Off fuera enviado.	
El esclavo produce notas adicionales no previstas	Omni está conectado	Desconecte Omni en el esclavo, previsto para tocar en un canal de la música multicanal.
	Todas las partes se tocan en un canal	Toque o secuencie diferentes partes en diferentes canales.
El esclavo produce extraños patrones de notas atonales	La unidad de ritmo (o pista de percusión en el secuenciador) está tocando en el esclavo.	Cambiar el canal de recepción del esclavo o sitúe la unidad de ritmo de modo que no transmita notas

SÍNTOMA	CAUSA	SOLUCIÓN
El esclavo responde a algunos mensajes, pero no a otros	El esclavo no implementa algunos mensajes	Hágalo sin estos mensajes, o use otro instrumento.
	Incapacidad para la transmisión ó recepción de algunos mensajes.	Permita la transmisión y recepción de todos los mensajes deseados.
Menos notas de polifonía de las normales están disponibles en el master. El timbre del sonido es diferente del normal.	Eco MIDI: Los mensajes que están siendo enviados por el OUT del master encuentran un camino de regreso por el IN, probablemente por medio del THRU de un instrumento conectado.	Desconecte el Control Local para el master. Si esto no es posible, elimine la vía de retorno para los mensajes MIDI. (Si el master está conectado a un secuenciador, la vía del retorno podría ser por el OUT del secuenciador, si la funcíon "soft thru" está conectada.)
La reproducción del secuenciador produce cacofonías. Se tocan muchas más notas de las esperadas.	Realimentación MIDI: Los mensajes enviados por el OUT del secuenciador, encuentran su camino de regresso por el IN y son reenviados una y otra vez por la función "soft thru".	Eliminar una de las vías de retorno para los mensajes MIDI. Si usa un instrumento de reproducción, desconecte el THRU desde el IN del secuenciador. Si es una transferencia de información entre dos secuenciadores, desconecte la función "soft thru" de, por lo menos, uno de ellos.
El secuenciador o instrumento de reproducción se bloquea al poco de empezar el secuenciador a reproducir. Algunas notas pueden ser introducidas.		
El instrumento de reproducción muestra un mensaje erróneo, tal como "MIDI Buffer Full".		
En la transferencia de una secuencia, de un secuenciador a otro, se bloquea o aparecen errores.		
La unidad de ritmo y el secuenciador no tocan en "Sync" (sincronización)	Ambos están usando sus "clocks" (impulso de reloj) internos.	Sitúe uno al clock (MIDI) externo y conéctelo de tal modo que sea el esclavo de la unidad situada para el clock interno.
El secuenciador o la unidad de ritmo no funcionan.	La uniuad está situada al clock (MIDI) externo, pero ninguna unidad master está conectado a ella; o la unidad master no ha sido puesta en marcha.	Conecte la unidad master al esclavo y ponga en marcha y pare usando los controles de la unidad master. O sitúe la unidad que no funciona con el clock interno.
Los esclavos responden perezosamente	Respuesta lenta del instrumento a la entrada de mensajes MIDI.	Quéjese al fabricante. Use un instrumento diferente. Con el secuenciador en reproducción, desplace la pista en cuestión adelante por tiempo suficiente para compensar el retraso, si ello es posible.
Los esclavos en una "cadena margarita", responden perezosamente o inadecuadamente.	Distorsión de los mensajes MIDI, al ir pasando por sucesivos THRU a IN.	Use una caja MIDI THRU, para conectar los múltiples esclavos al secuenciador o a otro controlador master. A modo de rápida fijación, pruebe a cambiar el orden de los esclavos, situando a los más temperamentales lo más cerca posible del master.

SÍNTOMA	CAUSA	SOLUCIÓN
Los esclavos responden perezosamente al secuenciador.	MIDI asfixiado. Se transmite demasiada información, para poder mantener con tiempo adecuado.	Filtre mensajes innecesarios (tales como after touch, modulación de tono o controles contínuos).
		Reduzca los mensajes contínuos, si el secuenciador le ofrece esta opción.
		Use ports MIDI OUT separados para diferentes grupos de partes, si el secuenciador las tiene.
		Sincronice la reproducción de dos secuenciadores, cada uno tocando determinadas partes.
La memoria del secuenciador se dispara antes de lo esperado.	Ha sido grabada demasiada información	Filtre mensajes innecesarios (tales como after touch, modulación de tono o velocidad) en la recepción, o anule su transmisión por los instrumentos.
		Reduzca los mensajes contínuos, si el secuenciador puede hacerlo.
El programa de sonido usado en la grabación de una pista del secuenciador, no es el mismo que suena en la reproducción.	El mensaje de cambio de programa no fue grabado como parte de la secuencia.	Grabe el mensaje correcto de Cambio de Programa, al principio de la pista del secuenciador, así tal programa será seleccionado automáticamente cuando la secuencia sea reproducida.
Una línea de bajo fué grabada en el secuenciador usando un programa de bajo, y una parte de ritmo usando un programa de piano, pero ambas se reproducen en el programa de piano.	El instrumento no es multitímbrico, sólo es capaz de producir un programa de sonido a la vez.	Use instrumentos adicionales para producir partes adicionales o substituya al instrumento por uno multitímbrico.
	Las partes están grabadas en el mismo canal MIDI.	Grabe partes diferentes en diferentes canales MIDI.
Enviando un mensaje de Cambio de Programa, es reclamado un programa diferente del esperado.	La numeración de Programa se extravía en el master, el esclavo, o en ambos.	Determine que número de programa es reclamado por cual número del panel. Por ejemplo, el programa número 0, podría estar etiquetado 00, 1 ó 11 en diferentes equipos.
	Los cambios de programa están reorientados en el master, el esclavo, o en ambos. Por ejemplo, cuando usted selecciona el programa 1 en el master, este podría estar fijado para transmitir el 5. Y el esclavo, sobre la recepción del 5, podría estar fijado para seleccionar el 19.	Sitúe las tablas de la orientación (map) de programas de tal modo que, pulsando el botón deseado, reclame el programa deseado.
El envío de un mensaje de Cambio de Programa, causa que el volumen salte.	El nivel de salida del nuevo programa de sonido, no es comparable al del programa previo.	Programe el nivel de salida deseado, o sitúe el volumen MIDI en el esclavo como se requiera.
	Algunos esclavos, en respuesta a mensajes de Cambio de Programa, también alteran la posición del Volumen MIDI (controlador 7).	Como rápida fijación use el control de volumen del master o esclavo para cambiar el nivel de volumen después de enviar el mensaje de Cambio de Programa.

SÍNTOMA	CAUSA	SOLUCIÓN
Un controlador produce un efecto diferente del deseado, o no produce ninguno.	Los controles físicos en el master no están situados en los números de controlador MIDI, esperados por el esclavo.	Cambie las posiciones en el controlador del master, el esclavo, o ambos.
Los instrumentos se desafinan cuando se usa el modulador de tono.	La extensión de la modulación de tono está situada diferente para los instrumentos.	Sitúe la extensión de la modulación de tono en el mismo valor para todos los instrumentos que intervengan.
El tono de un instrumento ha sido supuestamente transpuesto, pero sigue reproduciendo la música secuenciada en el tono original.	La transposición afecta al tono tocado en el teclado del instrumento y los mensajes MIDI del instrumento son transmitidos, pero no la respuesta a los mensajes MIDI que recibe.	Transponga el instrumento antes de grabar desde el mismo. Si la grabación está ya completada, transponga la secuencia, si es posible.
Algunas notas tocadas por el secuenciador, están recortadas.	El número total de notas tocadas en un tiempo dado, excede de la polifonía disponible en el instrumento(s) usados.	Reduzca el número de notas tocadas al mismo tiempo. Use programas de sonido o instrumentos que ofrezcan mayor polifonía.
	El controlador master genera mensajes de "All Notes Off", que son grabados y reproducidos.	Elimine la grabación de mensajes de "All Notes Off", si es posible. Sitúe los instrumentos de reproducción de modo que ignore los mensajes de "All Notes Off", si es posible.

Apoteosis

Sɪ ᴜsᴛᴇᴅ ʜᴀ ʟᴇɪᴅᴏ ᴇsᴛᴇ ʟɪʙʀᴏ desde la cubierta hasta la contracubierta, ya sabe ahora más sobre MIDI que la mayoría del mundo civilizado. Y no fué difícil de entender, ¿no es cierto?

Pero si usted ha pegado un salto adelante para ver como termina este libro, ¡avergüéncese!, vaya a la pizarra y escriba 100 veces: "MIDI es nuestro amigo".

Es evidente que la cosa más compleja acerca de MIDI es la gente que lo usa:

- Hay genios matemáticos incesantemente farfullando sobre "sistemas naturales binarios y hexadecimales".

- Hay el gramático, inseguro de si MIDI es un nombre ("Yo deseo comprar un MIDI"), un adjetivo ("¿Es este un teclado MIDI?"), o un verbo ("Yo he MIDIficado mi sistema esta noche")

- Hay el místico, que ve en el MIDI una alegoría por una creciente interconectiva entre los pueblos del mundo.

- Y hay el músico corriente o el aficionado, que reconoce que MIDI es una útil herramienta para hacer música.

No importa en que categoría queda usted descrito, MIDI es un interesante y excitante fenómeno. Disfrutelo!.

Acerca del Autor

JON EICHE ha colaborado como escritor y editor con Hal Leonard Publishing desde 1980. Por su capacidad ha trabajado en manuales de instrucciones y otros libros para Yamaha, Casio, Roland, Kurzweil y otros numerosos fabricantes de instrumentos musicales. En 1987 escribió su primer libro de esta serie: *¿Que es un sintetizador?* Frecuentemente aplica sus conocimientos de tecnología músical en ejecuciones en iglesias locales, con su esposa que es cantante.

También actúa como crítico musical para The Milwaukee Sentinel, y ha reunido y editado *The Bach Chaconne for Solo Violin: A Collection of Views* para la American Strings Teachers Association.

Indice

Para una mayor fidelidad al texto original Inglés y dado que todos los aparatos y manuales de instrucciones de los mismos respetan la nomenclatura inglesa, el traductor ha creido conveniente respetar también la nomenclatura inglesa del índice, ya que, por otra parte es la utilizada en todos los idiomas incluido el castellano.

RESPUESTAS PARA COMPRENDER LA NUEVA TECNOLOGIA MUSICAL

MIDI

¿QUE ES MIDI?
Instrumentos Musicales Trabajando En Coordinación
Por Jon F. Eiche
Mucho se ha oido acerca del MIDI y las cosas maravillosas que puede hacer. Pero ¿en qué consiste realmente? ¿Qué es lo que hace? ¿Cómo se puede utilizar en la música? ¿De dónde le viene el nombre? Este libro es el punto de partida. Responderá a todas las preguntas. Hace las cosas fáciles pero sin saltarse lo esencial. Si tiene preguntas o dudas acerca del MIDI, este es e libro para contestarlas.

SECUENCIADOR

¿QUE ES UN SECUENCIADOR?
Una Guía Básica Para Conocer Sus Características y Su Uso
Por Greg R. Starr
Los secuenciadores son un hecho real en la escena musical actual y con este libro sabrá como pueden trabajar para su provecho. Si dispone de un secuenciador, este libro cubre desde los conocimientos básicos para su utilización, a las características más avanzadas de algunos modelo Si no tiene secuenciador pero piensa comprar uno, encontrará suficiente información para hacer l preguntas adecuadas y decidir qué modelo es el adecuado a sus necesidades particulares.

SAMPLER

¿QUE ES UN SAMPLER?
Una Guía Básica del Mundo del Muestreo Digital
Por Freff
Habrá oido los resultado de grabaciones, música de películas y anuncios de televisión...sonidos espectaculares como la propia realidad, pero no es así. Bienvenido al mundo del muestreo digit Este libro es su mapa de rutas para llegar a conocer los conceptos básicos del muestreo. Tanto su interés es profesional como aficionado, este libro es para usted.

SINTETIZADOR

¿QUE ES UN SINTETIZADOR?
Respuestas Sencillas A Preguntas Sobre la Nueva Tecnología Musical
Por Jon F. Eiche
¿Confundido por la rápida carrera de la tecnología musical?, ¿quizás un poco asustado por ella? Tranquilo. Este libro lo explica con sencillez y brevedad, los qué, cómo y porqué de todo ello. Le proporcionará un conocimiento básico de los más importantes conceptos y equipos. Si más adelante desea saber más, podrá hacer preguntas de alto nivel y comprender sus respuestas.

Para más información acuda a su tienda de música o escriba a:

MUSIC DISTRIBUCION, S.A.
Holanda 28 - 08903 Hospitalet de Llobregat (Barcelona)